ÉLOGES

DE

M. NARCISSE BIGEU

Ancien bâtonnier de l'Ordre des avocats près la Cour Impériale de Poitiers

ET DE

M. NICIAS GAILLARD

Président de la Chambre des requêtes à la Cour de cassation.

DISCOURS

PRONONCÉ

LE 20 JANVIER 1866, A L'OUVERTURE DES CONFÉRENCES

PAR

Alfred BROUSSARD,

Avocat.

POITIERS,

IMPRIMERIE DE A. DUPRÉ,

RUE DE LA MAIRIE, 10.

1866.

ÉLOGES

DE

M. NARCISSE BIGEU

Ancien bâtonnier de l'Ordre des avocats près la Cour Impériale de Poitiers

ET DE

M. NICIAS GAILLARD

Président de la Chambre des requêtes à la Cour de cassation.

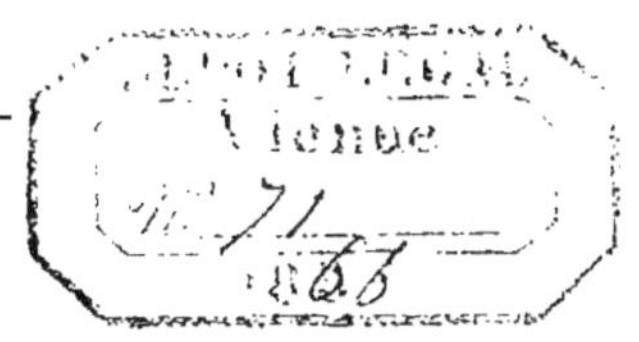

DISCOURS

PRONONCÉ

LE 20 JANVIER 1866, A L'OUVERTURE DES CONFÉRENCES

PAR

Alfred BROUSSARD,

Avocat.

POITIERS,

IMPRIMERIE DE A. DUPRÉ,

RUE DE LA MAIRIE, 10.

1866.

L'ouverture de la conférence des avocats a eu lieu le samedi 20 janvier 1866, à une heure, dans la 1re chambre de la Cour. Me Orillard, bâtonnier de l'Ordre, présidait. Il était assisté de Mes Calmeil, Bourbeau, Périvier, membres du conseil de l'Ordre. Plusieurs avocats inscrits au tableau, Mes Ducrocq, Calmeil fils, Michel, Parenteau-Dubeugnon, Sauzeau-Puyberneau, Piet-Lataudrie, Orillard fils, Blondet, assistaient à cette séance solennelle. La barre est occupée par les avocats stagiaires. Me Orillard prononce un discours, où il remercie ses confrères du conseil de l'Ordre de lui avoir décerné les honneurs du bâtonnat, et promet aux avocats stagiaires un concours dévoué.

La parole est ensuite donnée à Mes Bourbeau Albert et Broussard pour prononcer les discours d'usage.

ÉLOGE

DE

M. NARCISSE BIGEU.

Monsieur le Batonnier,
Messieurs,

Nous avons eu la douleur de perdre, dans le courant de l'année dernière, un des hommes qui ont le plus honoré le barreau de Poitiers par leur éloquence et leurs vertus. M. Bigeu, depuis longtemps éloigné de la vie active du palais, n'a point été connu des plus jeunes d'entre nous ; mais nos anciens nous avaient appris à vénérer son nom comme celui d'un de nos plus illustres devanciers, et la renommée de son talent rend facile la tàche qui m'a été confiée de payer à sa mémoire un tribut mérité de regrets et d'éloges.

M. Pélagie-Narcisse Bigeu, né à Poitiers le 31 octobre 1784, était fils de M. Charles Bigeu, procureur au présidial de cette ville. Il fit à l'école centrale (1) de Poitiers d'excellentes études. Les Facultés de droit n'étant pas encore organisées, ce fut un avocat consultant,

---

(1) Les écoles centrales étaient les établissements d'instruction secondaire créés par la révolution, et remplacés depuis par les lycées et les colléges. Il y en avait une au moins dans chaque département.

M. Béra, qui lui enseigna les principes de la science du droit. Il soutint sa thèse de licence le 16 septembre 1806, et, dans les premiers mois de l'année 1807, il débuta brillamment devant la Cour de Poitiers.

M. Bigeu montra dès ses premiers pas dans la carrière une remarquable maturité : élocution facile, intelligence vive, promptitude extrême à saisir les questions les plus compliquées, il avait d'abord tout ce qui assure le succès. La magistrature essaya d'attirer à elle ce jeune talent ; mais le barreau avait pour M. Bigeu de trop vives séductions, il en préféra l'indépendance aux positions honorables qu'on le pressait d'accepter.

Quelques années plus tard, il accueillait avec joie la Restauration, qui rendait la paix à la France en lui donnant dans la charte de 1814 des garanties de liberté. Il resta toute sa vie fidèle aux principes politiques de sa jeunesse : ni le temps ni les révolutions ne purent les affaiblir. Une ordonnance royale du 22 juillet 1818 le fit entrer au sein du conseil municipal, où il se signala par son zèle et son dévoûment aux intérêts du pays ; il en fit partie jusqu'au 7 août 1830, époque à laquelle il donna sa démission.

En 1827, les suffrages de ses confrères lui décernèrent le titre de bâtonnier, qu'il a toujours regardé comme la plus douce récompense de ses travaux.

Depuis longtemps déjà, il s'était placé au premier rang du barreau de Poitiers, qu'illustraient alors des hommes du plus haut mérite ; il s'y distinguait par une grande sagacité, une dialectique vigoureuse, une habileté rare. Bien qu'il ait abordé avec succès la Cour d'assises, M. Bigeu a été surtout l'avocat des affaires civiles, dont la nature convenait bien à son esprit net, positif, pressé de raisonner. Je voudrais, Messieurs, pouvoir vous citer les causes importantes où M. Bigeu fit briller un si remarquable talent, mais les affaires civiles, qui ont rarement le privilége d'exciter l'attention, ne laissent point de traces après elles, et le souvenir s'en efface bien vite. Quelques mémoires destinés à être mis sous les yeux du juge, voilà tout ce qui reste des nombreux travaux de M. Bigeu. Le style en est clair, précis, animé ; les questions de droit y sont savamment traitées ; l'auteur appelle soigneusement à l'appui de son opinion la doctrine et la jurisprudence ; les faits sont discutés avec beaucoup de verve, et partout on admire une argumentation serrée.

En 1832, les événements dont l'ouest de la France fut le théâtre amenèrent des procès politiques, où l'éloquence de M. Bigeu jeta un vif éclat. On sait qu'à cette époque la présence de la duchesse de Berry dans la Vendée provoqua un soulèvement en faveur de la branche aînée des Bourbons, mais que les royalistes vaincus eurent bientôt à rendre compte à la justice de leurs téméraires tentatives. Au mois de mars 1832, M. Bigeu défendit, devant les assises extraordinaires de la Vendée, plusieurs personnes compromises dans la conspiration de Pouzauges. M. Berryer plaidait, le même jour, à côté de notre regretté confrère ; il put apprécier ses éminentes qualités, et conçut pour lui une affectueuse estime, dont il lui donna, dans la suite, de précieux témoignages (1).

---

(1) Depuis cette époque, M. Berryer ne cessa jamais d'avoir avec M. Bigeu des relations amicales. Au mois de juillet 1832, il lui envoya de la prison de Nantes, où il était détenu, son portrait avec ces mots : A mon confrère et ami M. Bigeu. Berryer.

Au mois d'août de la même année, un autre procès fournit à M. Bigeu l'occasion de déployer autant de courage que d'éloquence. Il avait à défendre, devant la Cour d'assises de la Charente, MM. de Beauregard et de Lapinière, accusés d'avoir pris part aux mouvements de la Vendée. Une vive effervescence régnait dans Angoulême : aux abords du palais de justice se pressait une foule irritée et animée des sentiments les plus hostiles aux accusés. Le danger que couraient ses clients enflamma le zèle de M. Bigeu : jamais il ne fut plus habile et mieux inspiré ; sa parole ardente, passionnée, sa puissante logique entraînèrent le jury, qui, par son verdict, rendit les accusés à la liberté. La multitude, égarée par la fureur, se livra alors à de déplorables violences : la vie de MM. de Beauregard et de Lapinière fut menacée, et M. Bigeu lui-même, poursuivi pour sa généreuse défense, fut exposé aux plus grands périls.

Le retentissement de ces procès avait porté au loin la renommée de notre confrère ; mais un douloureux événement devait trop tôt, hélas ! lui fermer la carrière qu'il parcourait avec tant d'éclat. Sa vue, fatiguée par des travaux excessifs, s'affaiblissait rapidement, et, le 19 avril 1846, il devint, à la barre même, subitement aveugle. Les secours de la science ne purent lui rendre qu'imparfaitement la vue : il ne reparut plus au palais. Il n'avait alors que soixante et un ans ; il était dans la plénitude de ses facultés ; une longue pratique du barreau n'avait fait que fortifier son talent, et qu'ajouter aux dons heureux de la nature une expérience consommée. M. Bigeu supporta le malheur, qui venait de le frapper, avec le calme et la résignation d'un sage.

Rentré dans la vie privée, il utilisait ses loisirs en accueillant avec bienveillance ceux qui venaient le consulter sur des questions de droit difficiles et épineuses ; pendant plusieurs années, il rendit ainsi bien des services ignorés. En 1849, on lui proposa la députation : la droiture et la fermeté de sa conscience, son savoir, sa parole éloquente le rendaient digne de représenter son pays ; mais de pressantes instances ne purent vaincre ses refus : il craignait que l'extrême faiblesse de sa vue ne lui permît pas de remplir son mandat. Il continua donc de vivre dans la retraite, entouré de l'affection de sa famille et des nombreux amis que lui avaient valu son affabilité, la grâce de son esprit, le charme de ses relations.

M. Bigeu, contemporain de Boncenne et de Bréchard, a été un adversaire digne de ces grands orateurs. Avocat subtil, avisé, plein de finesse, il avait au plus haut point l'intelligence des affaires. Nul ne l'a surpassé dans l'art d'exposer et de discuter les faits ; une enquête était pour lui une bonne fortune : il excellait à grouper les détails, les indices en apparence insignifiants, pour en former un ensemble de présomptions qui, présentées avec une habileté merveilleuse, produisaient un grand effet sur le juge. Un remarquable sang-froid lui permettait de se tirer heureusement des situations les plus difficiles : toujours maître de lui-même, prompt et fertile en ressources, il répondait, sans se troubler, aux attaques les plus imprévues, et son adversaire était étonné de le voir réfuter avec tant de présence d'esprit l'objection sur laquelle il avait fondé l'espoir du succès. Sa discussion vive et animée ne laissait jamais languir l'attention ; souvent

même, à la fin de sa plaidoirie, il faisait, par la cha-
leur et l'abondance de sa parole, une vive impression
sur l'auditoire. Spirituel et volontiers railleur, il aimait
à recourir au sarcasme et à l'ironie, qu'il maniait avec
beaucoup d'art ; il ne faisait pas de profondes bles-
sures, mais il en disait assez pour que l'impression
laissée profitât à sa cause. M. Bigeu, qui a eu de nombreux succès d'audience, ne paraît pas les avoir cher-
chés ; oublieux de lui-même, il ne vise qu'à faire
triompher les droits de son client : c'est là l'unique
objet de son ambition et de ses efforts, et, pendant
qu'il le poursuit, il obtient, sans y songer, les applau-
dissements. Je ne saurais omettre qu'aux brillantes
facultés de l'intelligence il unissait les qualités les
plus aimables ; qu'il était un confrère affectueux,
bienveillant, toujours prêt à rendre service, et qu'enfin
il s'était concilié l'estime de tous par la loyauté de son
caractère et par cette intégrité parfaite sans laquelle il
n'est pas d'orateur complet.

ÉLOGE

DE

M. NICIAS GAILLARD.

MESSIEURS,

Il y a quelques mois à peine, au sein d'une haute compagnie judiciaire, une voix éloquente faisait entendre l'éloge d'un éminent magistrat, M. Nicias Gaillard, et retraçait en termes saisissants son existence honorée par le travail, la science, le sentiment profond de tous les devoirs. M. Nicias Gaillard avait appartenu, dans les premières années de sa carrière, au barreau de Poitiers. C'est dans l'exercice de la profession d'avocat que s'est formé ce vigoureux talent qui l'a conduit au sommet de la magistrature ; enfant du Poitou, il en est une des gloires les plus pures : tout me faisait donc un devoir de rendre à cette illustre mémoire un dernier hommage.

M. Nicias Gaillard naquit à Parthenay (Deux-Sèvres) le 11 juillet 1804. Il se prépara par de fortes études juridiques aux luttes du barreau. Ses débuts révélèrent une singulière maturité d'esprit, une brillante imagination, et lui valurent de bonne heure une considération sérieuse qui, d'ordinaire, est le prix de l'expérience et des années. On n'hésitait pas à lui confier des causes où étaient engagés de graves intérêts, à l'opposer aux plus savants jurisconsultes du barreau de Poitiers.

En 1832, chargé de la défense de plusieurs royalistes mêlés aux prises d'armes de la Vendée, il obtint un éclatant succès dans un débat solennel, où un magistrat d'une rare éloquence avait voulu soutenir l'accusation. Le procureur général, M. Gilbert Boucher, fut frappé du talent oratoire, de la mesure et de la haute raison du jeune avocat ; il conçut le désir de le donner à la magistrature, et, dès l'année suivante, il lui proposa d'entrer comme avocat général dans la carrière du ministère public.

M. Nicias Gaillard hésita d'abord : il aimait la profession qui lui avait déjà valu de glorieux triomphes ; « ce qu'il voyait pour lui dans l'avenir, c'était la pratique laborieuse du barreau, puis la studieuse retraite, la vieillesse honorée du jurisconsulte (1). » Mais d'affectueuses instances triomphèrent de ses hésitations ; le 5 novembre 1833, il fut nommé avocat général à la Cour de Poitiers. Quelques années plus tard, il devint, grâce au bénéfice de l'ancienneté, premier avocat général ; et, comme la santé profondément altérée de M. Gilbert Boucher ne lui permettait plus de remplir activement ses fonctions, M. Nicias Gaillard se trouva chargé de la direction du parquet à une époque de troubles et de commotions politiques, qui imposaient de difficiles devoirs aux magistrats du ministère public. Le Gouvernement de Juillet, encore mal affermi, avait

(1) Discours d'installation à la Cour royale de Metz.

chaque jour à réprimer de nouvelles révoltes, à se défendre contre les attaques incessantes de la presse. M. Nicias Gaillard apporta dans ces luttes, non les passions d'un homme de parti, mais la fermeté du magistrat qui veut assurer le triomphe des lois.

Nommé procureur général à Metz par ordonnance royale du 29 mars 1841, il exposait, dans ce langage élevé et digne d'un esprit sagement libéral, les principes qui allaient diriger son administration : « La meilleure forme, la plus sûre application du patriotisme, c'est l'amour de l'ordre et le culte des lois. Ce patriotisme intelligent et pur nous trouvera toujours prêt à lui applaudir, et, s'il en était besoin, à le seconder. Homme de la loi, représentant du Gouvernement dans une partie importante de l'administration publique, notre pouvoir est un pouvoir de protection au moins autant que de surveillance, et comme nous tenons la main à l'accomplissement de tous les devoirs, nous devons assurer l'exercice, favoriser le développement de tous les droits. Que la carrière reste donc ouverte. Nous-même nous y convions toutes les franchises que nos institutions consacrent, toutes les légitimes libertés. »

M. Nicias Gaillard était à peine installé au parquet de Metz, qu'une ordonnance du 10 juillet 1841 l'appelait à un poste plus important, le parquet d'une grande ville du Midi, Toulouse, où la cause de l'ordre venait de recevoir les plus graves atteintes. Au magistrat qui se dévouait à la pénible mission de raffermir, dans cette ville agitée, la discipline sociale, il fallait de l'énergie et de la modération, de la sévérité et de la mansuétude. M. Nicias Gaillard justifia pleinement la confiance dont le Gouvernement l'avait honoré. « J'arrive ici, dit-il dans son discours d'installation, avec la volonté de faire mon devoir, et, avec l'aide de Dieu, je le ferai. » Son attitude ferme et en même temps ses manières conciliantes ramenèrent au respect des lois les esprits égarés; et, tout en réprimant avec vigueur le désordre, il sut échapper à la haine et mériter l'estime de ceux mêmes qu'il eut à combattre.

Le talent et l'érudition de M. Nicias Gaillard le destinaient à la Cour de cassation. Il y fut appelé, le 11 juillet 1846, comme avocat général ; attaché d'abord à la chambre criminelle, il passa ensuite au service de la chambre civile, devint, en 1849, premier avocat général, et, en 1856, président de la chambre des requêtes. Il avait été nommé le 15 juin 1856 commandeur de la Légion-d'Honneur.

C'est à la Cour de cassation que M. Nicias Gaillard devait donner toute la mesure de son intelligence, et déployer dans tout leur éclat cette dialectique et cette nerveuse éloquence qui en ont fait un si grand magistrat. Ses conclusions étaient des traités complets et approfondis de la matière, vraiment admirables par l'ampleur et la richesse de la discussion, l'étendue des recherches historiques, une logique serrée, un ordre parfait, qui répandait partout la plus vive clarté. A cet esprit judicieux il fallait de solides raisons : quelle haine du sophisme ! quel besoin de pénétrer au fond des choses ! quel amour de la vérité ! En disant qu'il a été l'un des meilleurs et des plus sûrs interprètes des lois, je ne fais que lui rendre justice. Il avait étudié le droit en philosophe non moins qu'en jurisconsulte : la science sèche et positive des textes n'aurait pu lui suffire ; il demandait toujours à la loi sa raison supérieure, et la généralisation de ses idées, l'élévation de ses vues imprimaient à son discours un caractère de grandeur, qu'on aime à trouver dans le langage de celui qui représente et défend la société. Du reste, son esprit n'avait point de dédain pour les plus modestes causes, pour les questions les plus arides de la pratique : il leur accordait la même étude consciencieuse qu'aux problèmes où l'on recherche les principes mêmes du droit.

L'orateur égalait en lui le jurisconsulte ; sa parole facile, abondante, était d'une irréprochable pureté ; il savait, au besoin, la parer des plus vives couleurs ; mais, dans les questions de droit pur, la précision, la clarté, l'exactitude en faisaient le mérite. Sa phrase, brève et rapide dans la démonstration, prenait sans peine une ampleur majestueuse, lorsqu'il abordait un sujet élevé.

Il était réservé à M. Nicias Gaillard de déployer, dans toutes les fonctions qu'il a successivement remplies, les qualités spéciales que chacune d'elles pouvait réclamer. Procureur général, il avait eu cette fermeté qui conjure les orages des discordes civiles ; avocat général au sein d'une compagnie savante, il avait dû à la puissance de sa logique et à la sûreté de son jugement une irrésistible autorité ; président de la chambre des requêtes, il allait être à la hauteur des devoirs qu'impose cette difficile fonction. Ai-je besoin de vous dire sa tenue sévère et pleine de dignité, qui indiquait son respect pour la justice, son infatigable

attention pendant l'audience, ses discussions profondes
et solides dans le délibéré, où il pouvait appeler à
l'aide du magistrat la science du jurisconsulte? Et,
dans la rédaction des arrêts, quelle juste application
des principes! Avec quel art il se tenait également
éloigné de la concision exagérée qui ne justifie rien, et
de la prolixité qui disserte au lieu de décider! En un
mot, il s'est montré l'égal des hommes remarquables
qui l'avaient précédé sur ce siége de président, et le
nom de Nicias Gaillard est désormais inséparable des
noms glorieux de Henrion de Pansey, de Favard de
Langlade, de Zangiacomi, de Lasagni, de Mesnard !

M. Nicias Gaillard a publié dans différentes revues
de droit d'intéressantes dissertations ; l'une d'elles se
distingue par son importance : c'est un traité des
contraventions de simple police, auquel l'auteur n'a pas
pu cependant mettre la dernière main. Combien devons-
nous regretter que les occupations de sa vie ne lui
aient pas permis de nous laisser un monument plus
complet de ses vastes connaissances !

Il était de la famille de ces magistrats qui ont allié le
culte des lettres à la science du droit; il se reposait de
ses travaux dans la méditation des chefs-d'œuvre de la
littérature, il entretenait un commerce assidu avec ces
écrivains de l'antiquité, qui ont su donner à la pensée
humaine la plus belle forme qu'elle ait encore revêtue.
De là, sans doute, le goût exquis, l'élégance parfaite
de son langage et de ses écrits : la trace de ces études
littéraires se retrouve surtout dans ces discours officiels,
où il a plus d'une fois enseigné avec une grave éloquence les devoirs du magistrat. Un des plus remarquables est celui qu'il prononça le 3 novembre 1841 à

Toulouse : il y parlait des bienfaits de l'ordre, sujet heureusement choisi et destiné à faire impression dans une ville où les lois méprisées avaient perdu leur empire; il montrait que l'ordre seul permet aux sociétés de marcher dans la voie du progrès, et de conserver la liberté, leur plus précieuse conquête (1).

M. Nicias Gaillard est tombé avant le temps, dans toute la force d'un talent qui promettait encore d'éminents services à la justice et à la science du droit. Pendant plusieurs années, il a lutté contre les plus cruelles souffrances avec un courage qui n'a jamais faibli ; la maladie n'avait pas ralenti son activité ; il est mort, pour ainsi dire, dans l'exercice de la présidence. Une plus longue carrière ne pouvait rien ajouter à sa gloire : son nom vivra tant que la science, la vertu, la noblesse du caractère obtiendront le respect et l'admiration des hommes ! La gravité, qui lui était naturelle, ses dehors sévères, qui cachaient une âme tendre et sensible, sa

---

(1) Je ne puis résister au désir de citer un passage de cet admirable discours : « La société n'est, dans le sens le plus général et le plus élevé du mot, que l'ordre primitif établi de la main de Dieu parmi les hommes. L'ordre est l'élément essentiel, et si, au lieu de le considérer dans sa source éternelle, dominant à cette hauteur la société elle-même, qui en est issue, nous le jugeons dans ses effets humains, ce ne sera pas seulement un bien particulier, inférieur ou préférable à certains autres ; ce sera, outre ce qu'il vaut par lui-même, la condition et la garantie de tous les autres biens. Quelle erreur, par exemple, d'opposer l'un à l'autre, l'ordre et la liberté ! Que la tyrannie ait quelquefois décoré du nom de paix le silence de la servitude, que le désordre et la licence se soient souvent proclamés la liberté, il est vrai ; mais l'abus qu'on fait des mots ne change rien à la nature des choses. Ces noms mentaient. Ne faut-il pas que les hommes, après avoir mal fait, condamnent la parole à leur servir d'excuse ? L'ordre, en morale, c'est la justice ; dans le gouvernement civil, c'est la loi. La liberté, qu'est-elle autre chose ? Le droit sans le devoir ? Assurément non ! Nous sommes esclaves des lois, disaient les jurisconsultes romains, afin d'être plus libres. »

1*

droiture inflexible, son amour du juste, cette ardente passion de bien faire, qui l'a toujours animé, nous rappellent les magistrats des anciens temps, dont l'austère figure inspire encore aujourd'hui une vénération profonde.